**Значение медсестер
новорожденными в отделении**

терапии

Ваниуза Алвес де Оливейра

Значение медсестер в уходе за недоношенными новорожденными в отделении реанимации и интенсивной терапии

ScienciaScripts

Imprint

Any brand names and product names mentioned in this book are subject to trademark, brand or patent protection and are trademarks or registered trademarks of their respective holders. The use of brand names, product names, common names, trade names, product descriptions etc. even without a particular marking in this work is in no way to be construed to mean that such names may be regarded as unrestricted in respect of trademark and brand protection legislation and could thus be used by anyone.

Cover image: www.ingimage.com

This book is a translation from the original published under ISBN 978-613-9-60744-0.

Publisher:
Sciencia Scripts
is a trademark of
Dodo Books Indian Ocean Ltd. and OmniScriptum S.R.L publishing group

120 High Road, East Finchley, London, N2 9ED, United Kingdom
Str. Armeneasca 28/1, office 1, Chisinau MD-2012, Republic of Moldova, Europe

ISBN: 978-620-7-30242-0

Заключение курса Документ, представленный в качестве необходимого условия для получения звания "Специалист по уходу за новорожденными в отделении интенсивной терапии" в Учебном центре по сестринскому делу и питанию.

Область специализации: сестринское дело.

Руководитель: медсестра Ана Каролина Диас Вила.

БРАЗИЛИЯ - DF
2017

РЕЗЮМЕ

Научные, терапевтические и технологические достижения в области неонатологии необходимы для улучшения качества жизни недоношенных новорожденных, но эти знания должны быть направлены на спасение человеческой природы. Цель данного исследования - рассказать о важности роли медсестры в уходе за недоношенными новорожденными в отделении интенсивной терапии новорожденных (ОИТН) и описать нефармакологические меры, используемые в ОИТН для облегчения боли и успокоения новорожденных. Таким образом, это качественное исследование, направленное на накопление знаний по рассматриваемой теме. Для сбора данных были изучены журналы, индексируемые с 2010 по 2016 год, отобранные в поисковых системах Bireme, Lilacs и Scielo, а также книга по данной теме. По результатам исследования данных было установлено, что услуги по уходу за недоношенными новорожденными должны быть организованы и хорошо структурированы, а участие медсестер является основополагающим в практике ухода. Поэтому считается, что постоянное обновление способствует улучшению медицинской практики, делая медсестер квалифицированными специалистами по уходу за новорожденными.

Предметный дескриптор: недоношенность; недоношенный новорожденный; сестринский уход.

РЕЗЮМЕ

ГЛАВА 1

ВВЕДЕНИЕ

Неонатология до сих пор считается новой наукой, которая находится в процессе непрерывной трансформации. Начало ей положил французский акушер Пьер Буден, который распространил свою заботу о новорожденных за пределы родильного зала. В 1892 году Буден основал клинику по уходу за детьми при больнице Шарите, став ответственным за начальное развитие неонатальной медицины (SOUSA *et al*, 2016).

По мнению Отавиано, Соареса и Дуарте (2015), уход в неонатальной интенсивной терапии - один из самых сложных в системе здравоохранения, требующий неизбежного использования передовых технологий и, прежде всего, квалифицированного персонала для ухода за новорожденными с высоким риском. По мнению авторов, благодаря научно-техническим достижениям в области неонатологии, таким как создание отделения интенсивной терапии новорожденных (NICU), появилась возможность выписывать тяжелобольных новорожденных из отделений интенсивной терапии новорожденных в безопасных и, как правило, удовлетворительных условиях.

Неонатальное отделение - это место, куда госпитализируют тяжелобольных новорожденных, пока не стабилизируются такие показатели, как вес, частота сердечных сокращений, частота дыхания и температура. Именно в таких условиях новорожденный испытывает беспомощность, поскольку лишен всего того ухода, который могла бы обеспечить мать, если бы он родился здоровым. Кроме того, им часто требуются инвазивные и болезненные процедуры, которые вызывают стресс, физическую и психическую усталость (SILVA, ARAÚJO, TEIXEIRA, 2012).

Здесь много шума, перепадов температуры, яркого освещения, а также прерывания цикла сна, поскольку необходимы постоянные обследования и процедуры, причиняющие боль и дискомфорт новорожденному. Кроме того, существуют и другие осложняющие факторы, такие как: длительная и ранняя разлука между новорожденным, родителями и их семьей; снижение уровня грудного вскармливания; большая подверженность ребенка факторам риска, способным вызвать серьезные осложнения и последствия (OTAVIANO, DUARTE, SOARES, 2015).

Хотя важность отделения реанимации и

интенсивной терапии для больных новорожденных, особенно недоношенных, хорошо известна, это отделение должно заботиться и защищать здоровье и благополучие ребенка во всех его аспектах. Однако это нервная, безличная и даже пугающая обстановка для тех, кто не привык к ее распорядку (SOUSA *et al,* 2016).

Исследования показывают, что обстановка в отделении интенсивной терапии препятствует созреванию и организации центральной нервной системы новорожденных, особенно недоношенных. Яркое освещение, чрезмерный шум, частые манипуляции и терапевтическое воздействие приводят к значительным изменениям в физиологических и поведенческих реакциях ребенка, таким как задержки в физическом, неврологическом, сенсорном, эмоциональном и когнитивном развитии (CARDOSO *et al,* 2010).

По данным Всемирной организации здравоохранения (ВОЗ), ребенок, родившийся с гестационным возрастом менее 37 недель, считается недоношенным. По данным Ricci (2015), гестационный возраст обычно измеряется в неделях: новорожденный с менее чем 37 полными неделями классифицируется как недоношенный, новорожденный с гестационным возрастом от 38 до 41 полной недели считается срочным, а новорожденный с более чем 42 полными неделями классифицируется как посттерминальный.

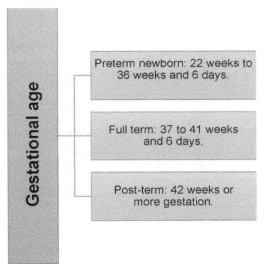

Рисунок 1. Классификация гестационного возраста.
Источник: RICCI, 2015.

Как и Отавиано, Дуарте и Соарес (2015), недоношенные дети не только морфологически и функционально незрелы, но и более склонны к отклонениям в своем развитии из-за незрелости центральной нервной системы.

Из-за церебральной незрелости недоношенные новорожденные с трудом сохраняют бдительность, демонстрируют преимущественно разгибательный тонус, неполные или отсутствующие оральные рефлексы, а также множество других факторов, которые могут объяснить трудности с сосанием и несогласованность с глотанием и дыханием, что влияет на набор веса и, следовательно, продлевает выписку из больницы (SILVA, ARAÚJO, TEIXEIRA, 2012).

Silva, Araújo и Teixeira (2012) утверждают, что преждевременные роды - это агрессия против плода, поскольку он еще не полностью сформировался и поэтому обладает морфологической и функциональной незрелостью. Фактически это связано с высоким уровнем заболеваемости и смертности среди детей в возрасте до одного года; по мнению авторов, недоношенные дети более подвержены проблемам со здоровьем из-за их врожденной беззащитности и незрелости различных систем и органов, которые еще находились в процессе созревания, когда их матери рожали их.

По мнению Отавиано, Дуарте и Соареса (2015), несмотря на то, что уход за новорожденными в неонатальных отделениях претерпел значительные технологические изменения, в повседневной жизни все еще можно наблюдать тенденцию к рутинной и механистической работе, характерной для биомедицинской модели ухода.

Учитывая это, команда медсестер должна рассматривать новорожденного не как объект, а как активный и восприимчивый субъект ухода, как человеческое существо с биологическими и эмоциональными потребностями, независимо от его возраста при рождении. В этом смысле требуется работа преданных и подготовленных специалистов, которые умеют сочетать теоретические знания, технические навыки, ловкость и чувствительность для удовлетворения физических, биологических и эмоциональных потребностей новорожденного (OTAVIANO, DUARTE, SOARES, 2015).

Для того чтобы уход за недоношенным новорожденным был гуманным, необходимо, чтобы медицинская команда работала синхронно, а для этого необходимо использовать некоторые базовые инструменты, такие как общение между специалистами, учет их мнений и осуществление действий, способствующих хорошим отношениям между ними (SOUSA *et al,* 2016).

В этом процессе гуманизации медсестры играют решающую роль, особенно в содействии формированию эмоциональных связей и взаимодействия между новорожденными и их родителями, чтобы уменьшить негативные последствия неонатальной госпитализации для обоих и повысить чувство ответственности родителей за выздоровление ребенка (SOUSA *et al*, 2016).

Silva, Araújo и Teixeira (2012) считают, что медсестры могут укрепить формирование этой связи, используя некоторые ресурсы, такие как: содействие первоначальному контакту родителей с новорожденным, а также не препятствование их входу в отделение; поощрение прикосновений и предоставление родителям возможности участвовать в уходе за новорожденным, когда это возможно; объяснение используемых устройств и методов лечения; создание благоприятной обстановки в отделении интенсивной терапии; внимательное выслушивание того, что говорят родители, предоставление разъяснений для разрешения сомнений; поощрение метода матери-кенгуру.

Одним словом, независимо от области, в которой они работают, у медсестер есть ряд обязанностей, когда речь идет об уходе за пациентами. Однако эта ответственность возрастает, если учесть, что в отделении реанимации и интенсивной терапии находятся новорожденные, подверженные тяжелым осложнениям и смертельному риску.

Учитывая вышесказанное и полагая, что уход за новорожденными должен развиваться комплексно и гуманно, в исследовании ставилась задача рассказать о важности роли медсестры в уходе за недоношенными новорожденными в отделении интенсивной терапии новорожденных (ОИТН) и описать нефармакологические меры, используемые в ОИТН для облегчения боли и успокоения новорожденного.

С этой точки зрения, актуальность изучения данной темы обоснована возможностью представления и распространения материалов, позволяющих осмыслить процесс ухода, способствующих повышению осведомленности медицинских работников в вопросах принятия гуманизированных мер по уходу за новорожденными, поступившими в отделение реанимации и интенсивной терапии.

ГЛАВА 2

МЕТОДОЛОГИЯ

Это качественный обзор литературы. Согласно Лакатосу и Маркони (2007), библиографическое исследование или даже исследование вторичных источников направлено на то, чтобы привести исследователя и то, что было написано, во взаимный контакт.

Гил (2008) сообщает, что библиографическое исследование, основанное на книгах и научных статьях, дает исследователю более богатый охват явления, чем прямое исследование.

Для сбора данных мы использовали книги и журнальные статьи, относящиеся к теме исследования. При поиске статей, относящихся к теме, были изучены журналы, индексируемые с 2010 по 2016 год, и отобраны в поисковых системах Bireme, Lilacs и Scielo по дескрипторам **"недоношенность"**, **"недоношенный новорожденный"** и **"сестринский уход"**. В результате этого процесса идентификации были прочитаны рефераты и включены национальные статьи, доступные в полном объеме, в которых обсуждались темы недоношенных новорожденных и сестринского ухода в отдельности, а также связанные с ними подходы.

Что касается критериев включения и исключения, то в анализ были включены статьи, опубликованные в национальных журналах на португальском языке в период с 2010 по 2016 год и посвященные теме исследования; таким образом, были исключены статьи, опубликованные за пределами установленного периода, на иностранном языке и те, чьи подходы не соответствовали общей цели исследования, в результате чего для анализа осталось 15 статей. Кроме того, была использована одна книга, подход которой соответствовал цели исследования.

Диаграмма 1. Распределение отобранных и проанализированных статей по теме "Важность роли медсестры в уходе за недоношенными новорожденными в отделении реанимации и интенсивной терапии", Бразилия, 2017 г.

Журнал/газета/журнал	Название статьи	Автор/Год	Цель	Метод	Результаты	Заключение
Журнал Школы сестринского дела Анны Нери.	Сестринский персонал справляется с болью недоношенных детей.	AMARAL et al, 2014.	Дать характеристику команде медсестер и определить способы оценки и купирования боли у недоношенных новорожденных.	Это исследовательское описательное исследование, проведенное в отделении интенсивной терапии новорожденных (ОИТН) и отделении промежуточной терапии	33 (78,6%) медтехника и 9 (21,4%) медсестер; 13 (31%) были в возрасте от 26 до 30 лет и женщины. Все специалисты согласились со способностью НБ чувствовать боль. Наиболее часто упоминаемыми	Команда верит в способность НБ чувствовать боль, в сочетании с физиологическими и поведенческими показателями, но существует необходимость в обучении этому вопросу.

				параметрами оценки были плач - 42 (100%), выражение лица - 40 (95,2%) и частота сердечных сокращений - 39 (92,8%). Упомянутые модели поведения были нефармакологическими.	
Журнал "Рене".	Неонатальная боль: нефармакологические меры, применяемые сестринской бригадой*.	АКИНО, КРИСТОФФ ЭЛЬ, 2010.	Определите процедуры, которые медперсонал считает болезненными, и проверьте нефармакологические меры, используемые медперсоналом для облегчения боли и дискомфорта.	Описательно-эксплоративное исследование с количественным подходом, сбор данных проводился в неонатальном отделении родильного дома в городе Рио-де-Жанейро в 2008 году.	Из 35 опрошенных специалистов по уходу за новорожденными в неонатальном отделении 29 (82,9%) были младшими медицинскими работниками, а 6 (17,1%) - медицинскими сестрами. Что касается нефармакологических мер, используемых	Был сделан вывод о том, что медперсонал принял меры по минимизации болевых ощущений у новорожденных во время госпитализации.
			сестринское дело в неонатальном уходе		Большинство медсестер использовали в качестве основных мер сдерживание, непитательное сосание, оральную глюкозу, притирание и катание.	
Журнал "Рене".	Задачи и стратегии медсестер отделений интенсивной терапии новорожденных.	КАРДОСО, 2010.	Описать основные проблемы и стратегии медсестер, работающих в	Это было описательное и разведывательное исследование с количественным	Что касается трудностей, с которыми приходится сталкиваться при оказании помощи, то среди них	Считается, что постоянное обновление улучшает уход и работу специалистов, оптимизируя их практику.

			отделении интенсивной терапии новорожденных (ОИТН).	ным подходом, проведенное в Форталезе (Бразилия). С мая по июнь 2008 года были опрошены 24 медсестры из трех базовых больниц с использованием анкеты с открытыми и закрытыми вопросами.	можно выделить следующие: нехватка материальных ресурсов 15 (34,0%); недостаточное количество материалов 8 (18,1%); низкая квалификация профессиональных техников 7 (15,9%); переполненность/наличие койко-мест 5 (11,3%). Что касается стратегий, то были выделены следующие: реакция на научно-технические знания 12 (35,2%) и гуманизированный уход 9 (26,4%).	Вывод: сиделка, которая ориентируется и обучена уходу за новорожденными, необходима.
Revista Paulista de Pediatria.	Факторы риска смертности новорожденных с очень низкой массой тела в отделении интенсивной терапии новорожденных.	CARNEIRO et al, 2012.	Выявить факторы, связанные со смертностью новорожденных с очень низкой массой тела, поступивших в специализированное отделение интенсивной терапии новорожденных на севере штата Минас-	Кросс-секционное исследование, основанное на анализе медицинских карт случайной выборки новорожденных, поступивших в отделение интенсивной терапии новорожденных с января 2007 по июнь 2010 г.	Были отобраны и проанализированы данные из 184 медицинских карт, в которых было зарегистрировано 44 случая смерти (23,9%). Переменные, которые оставались статистически связанными со смертью новорожденных с очень низкой массой тела после многофакторного анализа, были	Результаты свидетельствуют о недостатках в дородовом уходе и необходимости улучшения перинатального ухода за матерями и детьми.

					следующими: масса тела при рождении менее 1000 г (ОР 7,29; 95%CI
			Жерайс, Бразилия.		3,19 - 16,63; *p* <0,001), оценка по шкале Апгар на 1-й минуте менее семи баллов (ОР 3,57; 95% ДИ 1,53 - 8,32; *p=0,*003) и менее четырех дородовых консультаций (ОР 2,72; 95% ДИ 1,19 - 6,23; *p=0,*018).	
Журнал Школы сестринск ого дела Анны Нери.	Уход за кожей новорожден ных: анализ концепций.	FONTE NELE , PAGLIU CA, CARDO SO, 2012.	Анализ концепции ухода за кожей новорожде нных.	Было проведено документаль ное исследовани е. В качестве теоретическ ой и методологич еской основы использовал ась модель концептуаль ного анализа Роджерса, в рамках которой были разработан ы следующие этапы: определени е интересующ его понятия и связанных с ним выражений; определени е и выбор поля для сбора	Были выявлены следующие предпосылки: недоношеннос ть, риск инфекции, мониторинг, факторы окружающей среды, физиологическ ие изменения, антисептики, интенсивная терапия, инвазивные процедуры, травмы, физикальное обследование и низкий вес. Атрибуты: непрерывный, индивидуализи рованный, динамичный, эффективный, разумный, деликатный, гуманизирован ный, безопасный, комплексный, приоритетный, немедленный	Проанализиров анная концепция выявила значительную связь между недоношеннос тью и риском инфицировани я, связанную с характеристика ми с течением времени.

				данных; определение антецедентов, атрибутов и следствий.	и стандартизированный. Последствия: предотвращает травмы, сохраняет целостность кожи, улучшает состояние кожи, клиническое состояние и кровообращение, контролирует потерю воды, предотвращает инфекции и обеспечивает комфорт.	
Revista Escola de Enfermagem da USP.	Уход за новорожденным в отделении интенсивной терапии: жизнь с хрупкость жизни/выживания в свете сложности.	КЛОК, ЭРДМАНН, 2012.	Понимание смысла бытия и деятельности	Использовалась теория, основанная на данных, а также	Была определена центральная категория: "Жизнь с хрупкостью	Необходимо использовать потенциал, который уже заложен в ИТ-специалистах.
			уход за медсестрами в отделении интенсивной терапии Неонатальное отделение (NICU) больницы общего профиля на юге Бразилии.	Парадигма сложности в построении теоретической модели: Уход за новорожденным в отделении интенсивной терапии: жизнь с хрупкостью жизни/выживания в свете сложности. В исследовании приняли участие 11 испытуемых. Данные были собраны в ходе открытых интервью и организован	жизнь/выживание: очень сложный, деликатный, индивидуальный и совместный уход.	Это приглашение к новым способам заботы о новорожденном, его семье и членах этой сложной системы.

				ы с помощью программного обеспечения NVIVO.		
Revista Gaúcha de Enfermag em.	Профилакти ка и контроль инфекций в отделении интенсивной терапии новорожден ных.	ЛОРЕН ЦИНИ, КОСТА, СИЛЬВ А, 2013.	Определит ь знания медперсон ала отделения интенсивн ой терапии новорожде нных (ОИТН) об инфекцион ном контроле, выявить факторы, способству ющие или препятству ющие контролю и профилакт ике инфекций, связанных с оказанием медицинск ой помощи (ИСМП).	Описательн ое исследовани е с использован ием качественно го подхода было проведено с участием трех медсестер и 15 младших технических специалисто в, работающих в отделении интенсивной терапии одного из благотворит ельных учреждений в южном регионе Бразилии.	Выяснилось, что медперсонал обладает обширными знаниями о факторах, способствующ их профилактике и борьбе с ТОРС в отделении реанимации и интенсивной терапии, главным из которых является гигиена рук. Среди факторов, препятствующ их контролю и профилактике, - переполненнос ть и чрезмерная рабочая нагрузка.	Эффективная и квалифициров анная работа команды медсестер - это стратегия профилактики и борьбы с НАІ.
Revista Dor.	Оценка и контроль боли медсестрам и в	MARTIN S et al, 2013.	Определит е и проанализ ируйте концепции и	Описательн ое исследовани е было проведено при участии	Медсестры признали способность ПТНБ	Несмотря на признание того, что ПТНБ чувствуют боль и что
	отделение интенсивной терапии новорожден ных.		обезболив ание медсестра ми во время девяти рутинных инвазивны х процедур в отделении реанимаци и и интенсивн	девять медсестер с опытом работы в отделении реанимации и интенсивной терапии от одного до девяти лет, которые ответили на адаптирован	боль и важность ее контроля для минимизации рисков для развития детей. Боль оценивалась в основном по поведенческим показателям, таким как плач, мимика лица и двигательная	Инвазивные процедуры болезненны, но медсестры считают, что меры по обезболивани ю все еще не принимаются должным образом. Обучение в области обезболивания

			ой терапии университетского госпиталя.	ную анкету, содержащую 13 открытых и закрытых вопросов о своих представлениях, оценке и лечении боли. Ответы были проанализированы с помощью описательной статистики и контент-анализа.	активность. Рутинные процедуры, такие как венепункция/артериальная пункция и дренирование грудной клетки, считались умеренно или чрезвычайно болезненными, но обычно они проводились без адекватных мер по облегчению боли.	является основополагающим, чтобы специалисты могли выступать в качестве источника защитных ресурсов для последующего развития детей.
Бразильский журнал сестринского дела.	Неонатальный уход: экзистенциальный смысл ухода в отделении интенсивной терапии.	МЕЛО, СОЗА, ПАУЛА, 2013.	Раскрытие экзистенциального смысла ухода за матерями недоношенных детей, госпитализированных в отделение реанимации и интенсивной терапии.	Использовался хайдеггерианский феноменологический подход, и было проведено интервью с девятью матерями.	В своих показаниях мать говорит о важности ощущения заботы в условиях отделения интенсивной терапии, где основное внимание уделяется ее ребенку. Понимание сложности ухода за РНП, при котором недостаточно выполнять нормативные действия, основанные на повседневном уходе, заключается в содействии уходу, при котором действия по уходу ведут диалог между измерением объективность норм, рутин, процедур и технологий и	Анализ с использованием хайдеггерианского метода показал, что мать, когда она находится со своим ребенком, также чувствует заботу со стороны профессионалов, которые позволяют ей встретить этот экзистенциальный момент в более безопасной форме.

					субъективное измерение жизни и опыта вовлеченных людей. Понимание этой сложности ухода требует от нас осознания того, что уход пронизывает экзистенциальное измерение, в котором есть время, в котором он не предопределен и не будет предопределен.	
Латиноамериканский журнал сестринского дела.	Работа медсестры в отделении интенсивной терапии новорожденных: между идеальным, реальным и возможным.	МОНТАНЬО ЛИ, МЕРИГИ, ДЖЕЗУС, 2011.	Понять опыт медсестер, работающих в отделении интенсивной терапии новорожденных.	Это качественное исследование с точки зрения социальной феноменологии. Размышляя о роли медсестер в отделении интенсивной терапии новорожденных, мы стремились понять социальную группу медсестер, ухаживающих за новорожденными в отделении интенсивной терапии. на основе индивидуальных действий	Перегруженность работой, малое количество персонала, нехватка материалов и оборудования и необходимость профессионального развития - такова реальность работы медсестры в этом секторе.	Присмотр за новорожденным возможен; идеальный вариант - полный уход за ним с участием родителей.

Журнал "Здоровье в фокусе". Сестринский уход за недоношенными новорожденными в отделениях интенсивной терапии новорожденных (ОИТН).		ОТАВИАНО, СОAPEC, ДУАРТЕ, 2015. Проанализировать научную продукцию за последние 5 лет по мероприятиям, проводимым	Данное исследование представляет собой интегративный обзор литературы, целью которого является сбор и систематизация информации.	В результате отбора было отобрано 17 статей, в которых преобладали исследования 2011-2012 годов - 59%; преобладание	Мы отмечаем, что индивидуальный уход за НБ необходим для установления качественных межличностных отношений в	
			Команда медсестер по уходу за недоношенными новорожденными в отделении интенсивной терапии новорожденных (ОИТН), составить актуальный обзор по обсуждаемой теме, выявить результаты, на которые указывает анализ научной продукции за последние пять лет.	систематизированное и организованное изложение результатов исследования конкретной темы или вопроса, способствующее более глубокому пониманию изучаемого предмета.	качественный подход - 53%, а юго-восточный регион как географический регион - 42%. Из всех исследованных статей 100% были проведены в отделениях интенсивной терапии для новорожденных и выявили трудности, связанные с практикой гуманистического ухода в отделениях интенсивной терапии, которой часто пренебрегает медперсонал, отдающий приоритет другим видам деятельности в своей службе.	в соответствии с гуманистическими предположениями.	
Revista Escola de Enfermagem da USP.	Ведение недоношенных детей в отделении интенсивной терапии новорожденных.	PEREIRA et al, 2013.	Описать круглосуточное наблюдение за недоношенными детьми в	Это обсервационное, описательное и исследовательское исследование	Недоношенные дети перенесли в среднем 768 манипуляций и 1 341 процедуру. Манипуляции	Можно сделать вывод, что в течение 24 часов недоношенные дети подвергались избыточному

			отделении интенсивной терапии новорожденных (ОИТН).	е, проведенно с участием 20 недоношенн ых детей, которых непрерывно снимали на видео в течение 24 часов с сентября 2008 по март 2009 года в отделении интенсивной терапии.	длились в среднем 2 часа 26 минут в течение 24 часов. Каждая манипуляция объединяла в среднем 2,2 процедуры, большинство из них проводилось в утреннюю смену. Одиночные манипуляции составили 65,6% всех манипуляций, и большинство из них длились менее минуты.	количеству манипуляций в отделении интенсивной терапии.
Бразильск ий журнал сестринск ого дела.	Оценка боли у недоношенн ых новорожден ных в отделении интенсивной терапии.	SANTO S et al, 2012.	Проанализ ировать процесс выявления боли у недоноше нных детей многопроф ильной командой в отделении интенсивн ой терапии новорожде нных государств енной больницы в городе в глубине штата Баия.	Это было описательно е, исследовате льское и количествен ное исследование, в котором приняли участие 24 медицинских работника с использован ием анкеты. Данные были проанализир ованы с помощью Статистичес кого пакета для социальных наук.	Результаты показали, что 100% опрошенных считают, что новорожденны е дети чувствуют боль, 83,3% признают боль жизненно важным признаком; 58,4% не знали о шкалах; 70,8% не использовали их и выделяли физиологическ ие и поведенческие признаки, указывающие на боль.	Важно, чтобы специалисты понимали боль как сложное явление, которое требует раннего вмешательства , гарантирующег о отличный уход.
Электрон ный журнал по сестринск ому делу.	Сестринский уход за недоношенн ыми новорожден ными в неонатально м отделении: взгляд	СИЛЬВ А, АРАУЖ У, ТЕЙШЕ ЙРА, 2012.	Проанализ ировать практику ухода сестринско й бригады в неонаталь ном отделении	Это качественно е исследовани е, проведенно е в неонатально м отделении государстве	Результаты показали, что в своей практике ухода за недоношенным и новорожденны ми специалисты уделяют	Необходимо внедрить стандарты гуманизации ухода за недоношенным и новорожденны ми, чтобы специалисты

специалисто в сестринског о дела.		для недоноше нных новорожде нных.	нной больницы в городе Жекье-БА с участием одиннадцат и специалисто в из команды медсестер. Для сбора данных использовал ись полуструкту рированные интервью, которые были проанализир ованы с помощью метода тематическо го контент-анализа.	основное внимание биологическим аспектам, хотя и ценят субъективные аспекты, связанные с сестринским уходом.	сестринского дела могли в полной мере учитывать их предположени я.
Журнал "Здоровье в фокусе".	Сестринский уход за новорожден ными в отделении интенсивной терапии.	SOUSA et al, 2016.	Поиск в литератур е исследова ний, посвященн ых сестринско му уходу за новорожде нными в неонаталь ном отделении интенсивн ой терапии,	Это обзор литературы, в котором для сбора данных использовал ись публикации, индексируем ые в Scielo Brazil, чтобы получить	Это исследование показало, что специалисты по уходу за больными все чаще проходят обучение и ищут новые знания в этой области.	Ответственнос ть за уход, предоставляем ый медсестрой, включает в себя ряд факторов, имеющих свои положительны е и отрицательные стороны, в которых
			а также для снижения осложнени й у новорожде нных.	Конкретная, актуальная информация по теме сестринског о ухода за больными в отделении интенсивной терапии.	практика оказания помощи в отделении интенсивной терапии новорожденны х с целью улучшения качества жизни, а также восстановлени	знания этого специалиста в области оказания помощи имеют решающее значение для успешного лечения НБ в отделении интенсивной терапии

					я и излечения патологии.	новорожденны х.

Учитывая вышесказанное и полагая, что уход за новорожденными должен развиваться комплексно и гуманно, в исследовании была поставлена цель рассказать о важности роли медсестер в уходе за недоношенными новорожденными в отделении интенсивной терапии новорожденных (ОИТН) и описать нефармакологические меры, используемые в ОИТН для облегчения боли и успокоения новорожденных, что позволит задуматься о том, как осуществляется уход за новорожденными в этой среде и что можно сделать для улучшения реальности оказываемой помощи.

ГЛАВА 3

ТЕОРЕТИЧЕСКАЯ БАЗА

Младенческая смертность является одной из основных проблем здравоохранения Бразилии. Что касается неонатальной смертности, то, несмотря на научно-технический прогресс и улучшения в области ухода за новорожденными, она все еще остается на высоком уровне по сравнению с другими странами. Фактически, недоношенные и новорожденные с низкой массой тела представляют собой группы, наиболее подверженные смертности среди новорожденных (CARNEIRO *et al,* 2012).

Santos *et al* (2012) утверждают, что выживаемость недоношенных новорожденных увеличилась, так что выживают новорожденные с серьезными заболеваниями, экстремальным гестационным возрастом и/или очень низким весом при рождении. Но даже с учетом технологического арсенала и развития страны смертность от недоношенности остается высокой.

По данным Silva, Araujo и Teixeira (2012), основной причиной смерти младенцев в Бразилии являются перинатальные инфекции, к которым относятся родовая асфиксия, проблемы с дыханием и инфекции, которые чаще всего встречаются у недоношенных детей и детей с низким весом при рождении. Кроме того, многие из них по-прежнему страдают от различных проблем, таких как нарушения обмена веществ, трудности с регулированием температуры тела и кормлением.

По мнению Лоренцини, Косты и Сильвы (2013), инфекции, связанные с оказанием медицинской помощи (ИСМП), также представляют собой серьезную проблему для безопасности, здоровья и качества жизни ПТНБ, поскольку они могут привести к смерти, вызвать необратимые последствия, увеличить продолжительность госпитализации, а также создать большое финансовое бремя для медицинских учреждений и расходы для семьи пациента.

Эти инфекции могут быть вызваны множеством факторов, таких как состояние ПТНБ, длительность госпитализации, количество процедур и манипуляций, тяжесть заболевания и поток посещений, но если нет определенного контроля со стороны медперсонала, то тем больше возможностей для распространения HAIs (LORENZINI, COSTA, SILVA, 2013).

Помимо этих рисков, недоношенные дети

представляют собой популяцию с более высокими шансами получить повреждения кожи в результате неполного развития рогового слоя, снижения адгезии между эпидермисом и дермой, уменьшения количества коллагена в дерме и наличия отеков (AQUINO, CHRISTOFFEL, 2010). По мнению авторов, профилактика и контроль боли чрезвычайно важны не только из-за этических вопросов, но и из-за потенциальных вредных последствий постоянного воздействия боли на НБ. Эти последствия включают физиологические, поведенческие изменения и изменения чувствительности.

Как и в случае с Fontenele, Pagliuca и Cardoso (2012), уход за кожей НБ является приоритетной задачей при специализации в области ухода за новорожденными. Сохранение целостности кожи необходимо для развития ее функций, и некоторые ситуации, такие как язвы, ожоги, дерматиты, травмы и т.д., повреждают эту мембрану.

Международная североамериканская ассоциация сестринской диагностики называет в качестве факторов риска нарушения целостности кожи сдерживание, давление, излучение, физическую иммобилизацию, клей для выдергивания волос, влажность, химические вещества, лекарства, выделения и секреты (FONTENELE, PAGLIUCA, CARDOSO, 2012).

С учетом вышесказанного, анатомическая и физиологическая незрелость, связанная с недоношенностью, делает НБ уязвимыми и предрасполагает их к трудностям адаптации к внеутробной среде. Учитывая риск, которому подвергаются эти дети в процессе роста и развития, они нуждаются в адекватном и специализированном уходе, комплексном и гуманном (PEREIRA *et al,* 2013).

Отделение интенсивной терапии новорожденных (ОИТН) - это место, где сосредоточены специализированные материальные и человеческие ресурсы. В этом сценарии работа медсестры как руководителя группы становится незаменимой. Она должна быть организованной, подготовленной и опытной, чтобы осуществлять уход на основе технико-научных процедур, обеспечивающих его качество, чтобы команда медсестер действовала эффективно на протяжении всего ухода (AQUINO, CHRISTOFFEL, 2010).

Таким образом, отделение реанимации и интенсивной терапии - это среда, оснащенная самым современным оборудованием и технологиями, где медицинские работники самых разных категорий работают вместе на благо здоровья ребенка, используя сложные методики и процедуры, чтобы обеспечить здоровье и выживание новорожденного (OTAVIANO, DUARTE, SOARES, 2015).

Однако такие факторы, как увеличение количества оборудования и числа инвазивных процедур, а также вредная окружающая среда и чрезмерное обращение во время ухода, вызывают ряд негативных последствий для развития этих детей, особенно недоношенных (PEREIRA *et al,* 2013).

Согласно Cardoso *et al.* (2010), из-за разнообразия существующих технологий и большого количества выполняемых процедур отделение реанимации и интенсивной терапии является признанной стрессовой средой как с точки зрения пользователей, так и с точки зрения медицинских работников. Кроме того, постоянное присутствие смерти заставляет медперсонал испытывать сильные страдания.

В неонатальных отделениях НБ, особенно недоношенные или тяжелобольные, подвергаются ряду стрессовых ситуаций, включая чрезмерный шум и свет, частое обращение, а также повторяющиеся болезненные процедуры, такие как укалывание пяток, венепункция, зондирование, обработка ран и т. д., что приводит к физиологическим и поведенческим нарушениям и расходу энергетических запасов, которые в противном случае были бы направлены на их рост и развитие (AQUINO, CHRISTOFFEL, 2010).

Santos *et al.* (2012) также подтверждают, что в отделении интенсивной терапии существует несколько факторов, связанных как с институциональными нормами и распорядком, так и со сложным рабочим процессом, которые способствуют нарушению гомеостатического баланса в ПТНБ. К ним относятся яркость, искусственная температура, постоянный шум, а иногда и чрезмерные, болезненные и стрессовые манипуляции и процедуры.

Чрезмерные манипуляции, несомненно, являются реальностью в неонатальных отделениях. По данным Santos *et al* (2012), недоношенный новорожденный обычно получает от 130 до 234 манипуляций в течение 24 часов, многие из которых являются чрезмерно болезненными. В этом смысле необходимо отказаться от идеи, что новорожденный не способен чувствовать боль из-за отсутствия миелинизации как свидетельства незрелости центральной нервной системы. Ведь если бы это было так, то и взрослый человек не чувствовал бы боли, поскольку ноцицептивные импульсы также проводятся по немиелинизированным и слабомиелинизированным волокнам.

По мнению Акино и Кристоффеля (2010), неонатальное отделение считается стрессовым местом, где во время госпитализации новорожденные часто подвергаются болезненным и неприятным процедурам. Cardoso *et al* (2010) полагает, что такая обстановка сильно мешает созреванию и организации центральной нервной системы новорожденного. Яркое освещение, чрезмерный шум, частые манипуляции и терапевтическое воздействие приводят к значительным изменениям в физиологических и поведенческих реакциях ребенка, таким как задержки в физическом, неврологическом, сенсорном, эмоциональном и когнитивном развитии.

Таким образом, новорожденные, поступившие в отделение интенсивной терапии, подвергаются воздействию инвазивных и болезненных методов и процедур, что, безусловно, негативно сказывается на качестве их жизни и нейропсихомоторном развитии. Кроме того, эти стимулы вызывают системную стрессовую реакцию, которая включает в себя сердечно-сосудистые, дыхательные, гормональные, иммунологические и поведенческие изменения (SANTOS *et al,* 2012).

Наконец, нет сомнений в том, что обстановка в отделении интенсивной терапии сильно отличается от материнской утробы. В этой среде НБ окутан теплой жидкостью и защищен стенкой матки, что поддерживает чувство безопасности, комфорта и благополучия.

Однако при преждевременном рождении новорожденного помещают в инкубатор, в положение, благоприятствующее обращению с ним медицинского персонала, и он лишен чувства привязанности; немногочисленные ласковые вмешательства обычно исходят от родителей.

1.1. Сестринский уход и важность работы медсестер с ПТНБ в отделении реанимации и интенсивной терапии

Риччи (2015) утверждает, что первые 24 часа жизни могут быть самыми сложными для новорожденного. Стресс и изнурительные роды для родителей позади, но начинается новый цикл работы, в ходе которого НБ должен физиологически и поведенчески адаптироваться к новой среде. В это время НБ подвергается воздействию целой вселенной звуков, цветов, запахов и ощущений; по мере его адаптации к внеутробной жизни происходят бесчисленные физиологические изменения. Именно осознавая происходящие адаптации, медицинский персонал может оказать поддержку и помощь недоношенным НБ.

Чтобы гарантировать адекватный уход за новорожденным, необходимо удовлетворять такие потребности, как гигиена, питание, прием лекарств, изменение положения и стимуляция, требующие прямого и частого контакта, что связано с первичным уходом за кожей. Кроме того, научные знания и технические навыки являются основополагающими для контроля жизненно важных функций в попытке снизить смертность и обеспечить выживание новорожденных из группы риска, особенно недоношенных детей (FONTENELE, PAGLIUCA, CARDOSO, 2012).

По мнению Монтанхоли, Мериги и Хесуса (2011), с развитием технологий и неонатологии медсестры стали играть важную роль в уходе за тяжелобольными новорожденными, что требует от них совершенствования технических и научных знаний для повышения качества ухода за новорожденными. Несомненно, специальные знания и технические навыки необходимы для эффективного ухода.

Fontenele, Pagliuca и Cardoso (2012) утверждают, что для эффективности сестринского ухода он должен быть безопасным, гуманизированным и специализированным. Поэтому медсестра отделения реанимации и интенсивной терапии должна организовать среду, планировать и осуществлять сестринский уход в соответствии с потребностями и реакцией каждого новорожденного, обеспечивая тем самым качественный и надежный уход.

Роль медсестры, особенно в отделении реанимации и интенсивной терапии, предполагает специализированный уход, требующий соответствующих знаний и технических навыков средней и высокой технологической сложности, включающий действия, направленные на снижение чрезмерного обращения, поскольку это может вызвать физиологические и поведенческие изменения, а также спровоцировать проявления стресса и боли, тем самым нарушив благополучие НБ. Медсестра также должна быть эмоционально готова

справляться с болезненными процедурами, возникающим дискомфортом, потерями и страданиями (MELO, SOUZA, PAULA, 2013).

> "Специалисты по уходу за новорожденными должны всегда находиться в надлежащих условиях, поскольку помимо разнообразных заболеваний, с которыми связана госпитализация, они сталкиваются с очень сложными приборами и оборудованием, требующими надлежащего обращения" (CARDOSO *et al,* 2010, p. 81).

По данным Amaral *et al* (2014) и Pereira *et al* (2013), оказание сестринской помощи новорожденным требует физического вмешательства для мониторинга, оценки, терапии и ухода, но даже малейшие манипуляции могут вызвать клинический стресс и поведенческие изменения у новорожденного.

Недоношенность напрямую связана с незрелостью органов, что означает необходимость дифференцированного и индивидуального ухода. Чем меньше гестационный возраст новорожденного, тем выше риск развития у него повреждений кожи и инфекций, а также сепсиса. Поэтому сохранение целостности кожи является важным аспектом сестринского ухода на этом переходном неонатальном этапе (FONTENELE, PAGLIUCA, CARDOSO, 2012). В этом смысле медсестры играют решающую роль в лечении травм, и как они сами, так и бригада медсестер должны внимательно относиться к коже новорожденного из-за риска ее разрыва (AQUINO, CHRISTOFFEL, 2010).

Также важно постоянно проводить физикальный осмотр, чтобы иметь непрерывную и надежную клиническую оценку состояния кожи НБ. Благодаря такой практике можно направить наиболее подходящий уход и принять меры для предотвращения ухудшения здоровья новорожденного (FONTENELE, PAGLIUCA, CARDOSO, 2012).

Уход за новорожденными противопоставляется необходимости минимального обращения для улучшения качества жизни НБ, особенно при проведении инвазивных и болезненных процедур. Такое обращение в сочетании с использованием лекарств, которые иногда чрезмерны, хотя и важны для терапии, является большим потенциалом для возникновения травм и инфекций, что еще раз подтверждает необходимость индивидуального ухода (AMARAL *et al,* 2014).

По данным Pereira *et al* (2013), специалисты по уходу признают, что чрезмерное обращение с новорожденными может вызывать боль и стресс, и указывают на минимальное обращение как на важную стратегию для снижения такого дискомфорта. По мнению некоторых авторов, минимальное обращение с новорожденными эффективно для обеспечения стабильности и организованности, тем самым сохраняя энергию для их роста и развития.

Также, по мнению автора, из-за чрезмерного обращения с новорожденными во время пребывания в отделении интенсивной терапии необходимо критически оценивать оказываемую помощь, особенно в отношении принятия решений при проведении процедур и обращении с новорожденными во время терапии.

Мартинс *и другие* (2013) сообщают, что специалисты сестринского дела знают и постоянно применяют нефармакологические меры для облегчения боли при НБ. По данным исследования Акино и Кристоффеля (2010), нелекарственные меры, используемые медсестрами для купирования боли у новорожденных, были следующими:

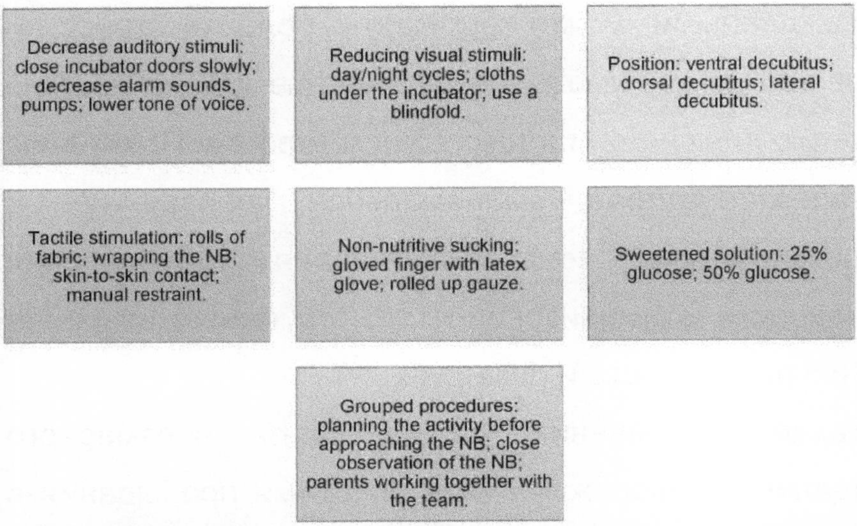

Рисунок 2. Нефармакологические меры, используемые для борьбы с болью при НБ.
Источник: AQUINO, CHRISTOFFEL, 2010.

Поэтому известно, что в отделении реанимации и интенсивной терапии новорожденные подвергаются различным болезненным и неприятным процедурам и что специалисты по уходу за новорожденными используют нефармакологические меры для облегчения и контроля боли. Для ухода за новорожденными во время болезненных процедур специалисты используют как экологические меры, такие как снижение освещенности и шума, так и поведенческие меры, такие как контакт кожа-к-коже, укачивание, непитательное сосание, использование глюкозы и групповой уход.

В исследовании Aquino and Christoffel (2010) опрошенные медсестры назвали снятие лейкопластыря и смену повязок наиболее болезненными рутинными процедурами для НБ. Что касается инвазивных процедур, выполняемых медсестрами, то к ним относились: прокол пятки, венепункция, забор капиллярной крови, введение орогастрального зонда, установка катетера в мочевой пузырь и PICC.

Что касается ТОРЗ, то они связаны с низким уровнем соблюдения гигиены рук медицинскими работниками. Учитывая вышесказанное, медицинские сестры играют основополагающую роль в координации и руководстве работой своей команды с целью снижения частоты возникновения HAIs и содействия выздоровлению и повышению качества жизни НБ. Фактически, команда медсестер, работающих в отделении реанимации и интенсивной терапии, должна работать вместе, чтобы выявлять возможные риски, тем самым сводя к минимуму вероятность возникновения HAIs и обеспечивая лучшее качество жизни для НБ (LORENZINI, COSTA, SILVA, 2013).

По мнению Монтанхоли, Мериги и Хесуса (2011),

одним из способов минимизировать негативные последствия госпитализации и разлуки с родителями, помимо борьбы с болью, травмами и инфекциями, является создание спокойной, мирной обстановки, способствующей лечению НБ и, следовательно, свободной от вредных раздражителей, таких как чрезмерное освещение и шумовое загрязнение.

На самом деле, для обеспечения лучшего ухода за новорожденными сочетание таких факторов, как физическая структура отделения реанимации и интенсивной терапии, предоставление адекватных и качественных материалов, научные и технологические знания медицинской команды в сочетании с эффективной коммуникацией, дает положительные результаты для здоровья новорожденного (CARDOSO *et al,* 2010). Поэтому, будучи членом неонатальной команды, медсестры должны широко использовать коммуникацию, обеспечивая взаимодействие между НБ, родителями и командой, а также проявляя чуткость, эмпатию и принятие.

По мнению Sousa *et al.* (2016), важно гарантировать качественный, эффективный, оперативный и безопасный уход за пациентами. Однако, хотя мероприятия направлены на повышение качества оказываемой помощи, сочетание этих процессов может стать фактором риска возникновения ошибок и осложнений. В этом контексте роль медсестры-неонатолога рассматривается как постоянный вызов перед лицом технологического аппарата и сложности ухода за больным новорожденным.

И наконец, практическое применение знаний, полученных специалистами по уходу за ПТНБ, требует гораздо большего, чем просто соблюдение распорядка, обучение и протоколы. Необходимо постоянное и непрерывное обучение всех специалистов, работающих с такими новорожденными, для обеспечения комплексного и гуманного ухода.

ГЛАВА 4

ЗАКЛЮЧИТЕЛЬНЫЕ СООБРАЖЕНИЯ

Внеутробная жизнь и так является сложной задачей для НБ, а для тех, кто родился с проблемами и должен находиться в отделении интенсивной терапии, задача выживания становится еще более сложной. В этом сценарии медсестра становится членом многопрофильной команды, которая больше всего работает с НБ; она отвечает за уход, чтобы избежать неправильных действий, которые могут привести к осложнениям для новорожденного в будущем.

В отделении реанимации и интенсивной терапии основная задача медсестер - обеспечить качественный уход за людьми, учитывая, что такие стрессовые факторы, как чрезмерное освещение, шумовое загрязнение, перегрузка на работе и другие, подрывают здоровье не только НБ, но и медперсонала. Учитывая вышесказанное, роль медсестры в отделении реанимации и интенсивной терапии пронизана новыми и постоянными проблемами, поскольку требует чуткости, знаний, навыков и бдительности - характеристик, которые влияют на выживание и развитие ребенка.

Таким образом, данное исследование позволило лучше понять важность роли медсестер в уходе за недоношенными новорожденными, поступившими в отделение интенсивной терапии (NICU), а также подчеркнуть актуальность новых исследований, подробно рассказывающих о том, как эти специалисты ухаживают за тяжелобольными новорожденными.

ГЛАВА 5

ССЫЛКИ

Амарал, Дж. Б. До *и др.* Команда медсестер, столкнувшаяся с болью недоношенного новорожденного. **Журнал Школы сестринского дела Анны Нери.** Рио-де-Жанейро, v. 18, n. 2, 2014, p. 241-246.

AQUINO, F. M. de; CHRISTOFFEL, M. M. Неонатальная боль: нефармакологические меры, используемые бригадой медсестер*. **Revista Rene.** Fortaleza, v. 11, специальный выпуск, 2010, p. 169-177.

CARDOSO, S. N. de M. Desafios e estratégias das enfermeiras da unidade de terapia intensiva neonatal. **Revista Rene.** Fortaleza, v. 11, n. 4, 2010, p. 76-84.

CARNEIRO, J. A. *et al.* Факторы риска смертности младенцев с очень низкой массой тела при рождении в отделении интенсивной терапии новорожденных. **Revista Paulista de Pediatria.** São Paulo, v. 30, n. 3, 2012, p. 369-376.

FONTENELE, F. C.; PAGLIUCA, L. M. F.; CARDOSO, M. V. L. M. L. Уход за кожей новорожденных: анализ концепции. **Журнал Школы сестринского дела Анны Нери.** Rio de Janeiro, v. 16, n. 3, 2012, p. 480-485.

КЛОК, П.; ЭРДМАНН, А. Л. Уход за новорожденным в отделении интенсивной терапии: жить с хрупкостью жизни/выживать в свете сложности. **Revista Escola de Enfermagem da USP.** São Paulo, v. 46, n. 1, 2012, p. 45-51.

Лоренцини, Э.; КОСТА, Т. К. да; СИЛЬВА, Э. Ф. да. Профилактика и контроль инфекций в отделении интенсивной терапии новорожденных. **Revista Gaúcha de Enfermagem.** Porto Alegre, v. 34, n. 4, 2013, p. 107-113.

MARTINS, S. W. *et al.* Оценка и контроль боли медсестрами в отделении интенсивной терапии новорожденных. **Revista Dor.** São Paulo, v. 14, n. 1, 2013, p. 21-26.

MELO, R. de C. de J.; SOUZA, I. E. de O.; PAULA, C. C. de. Сестринское дело в неонатальном периоде: экзистенциальный смысл ухода в отделении интенсивной терапии. **Бразильский журнал сестринского дела.** Бразилия, v. 66, n. 5, 2013, p. 656-662.

MONTANHOLI, L. L.; MERIGHI, M. A. B.; JESUS, M. C. P. de. Работа медсестры в отделении интенсивной терапии новорожденных: между идеальным, реальным и возможным. **Латиноамериканский журнал сестринского дела.** Ribeirão Preto, v. 19, n. 2, 2011, p. 1-8.

OTAVIANO, F. de P.; DUARTE, I. P.; SOARES, N. S. Сестринский уход за недоношенными новорожденными в отделениях интенсивной терапии новорожденных (ОИТН). **Revista Saúde em Foco.** Teresina, v. 2, n. 1, 2015, p. 60-79.

PEREIRA, F. L. *et al.* Обращение с недоношенными детьми в неонатальном отделении интенсивной терапии. **Revista Escola de Enfermagem da USP.** São Paulo, v. 47, n. 6, 2013, p. 12721278.

Риччи, С. С. **Уход за матерями и новорожденными и здоровье женщин.** 3. ed. Rio de Janeiro: Guanabara Koogan, 2015.

SANTOS, L. M. *et al.* Оценка боли у недоношенных новорожденных в отделении интенсивной терапии. **Бразильский журнал сестринского дела.** Бразилия, v. 65, n. 1, 2012, p. 27-33.

SILVA, L. G.; ARAÚJO, R. T. de; TEIXEIRA, M. A. Сестринский уход за недоношенными новорожденными в неонатальном отделении: взгляд специалистов сестринского дела. **Revista Eletrônica de Enfermagem.** Goiânia, v. 14, n. 3, 2012, p. 634643.

SOUSA, M. do S. M. de *et al.* Сестринский уход за новорожденными в отделении интенсивной терапии. **Revista Saúde em Foco.** Teresina, v. 3, n. 1, 2016, p. 94-106.

Milton Keynes UK
Ingram Content Group UK Ltd.
UKHW011146010424
440421UK00001B/308